Easy
Search-A-Word
Puzzles

Anna Pomaska
and
Suzanne Ross

DOVER PUBLICATIONS, INC.
New York

Bibliographical Note

Easy Search-a-Word Puzzles is a new work, first published by
Dover Publications, Inc., in 1991.

International Standard Book Number
ISBN-13: 978-0-486-26672-5
ISBN-10: 0-486-26672-9

Manufactured in the United States by LSC Communications
26672921   2017
www.doverpublications.com

Note

Do you like word puzzles? That's good, because this book has 26 of them. Each puzzle is in two parts. First, identify the names of the things shown to you and fill in the blanks with the letters that complete the words. Second, find the words you have spelled out in the box of jumbled letters that's part of each puzzle and circle them.

To show you how to solve the puzzles, on pages 4 and 5 the missing letters in the words "bear," "kite," "ball" and "doll" have been filled in and then the words have been found and circled in the box of letters. Just continue in the same way with the other puzzles. If you get into trouble there are solutions to all the puzzles starting on page 58. And there's a special bonus: when you've solved the puzzles you can add to your fun by coloring in the pictures any way you like!

K	M	O	S	T
I	L	N	B	D
T	B	E	A	R
E	G	K	L	N
D	O	L	L	O

BEAR

We've already done this puzzle

KITE

BALL

DOLL

to show you how to do others.

W	N	U	S	U
I	D	F	H	K
N	C	A	E	G
D	P	A	L	M
G	U	L	L	O
B	D	J	V	N

W _ _ D

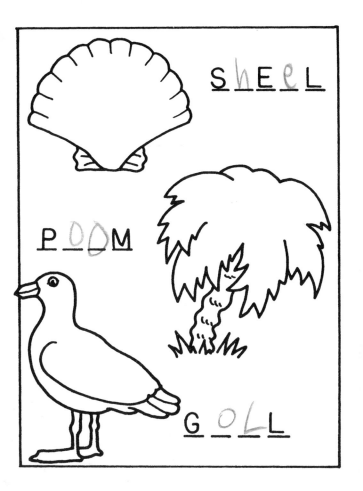

S h e l l

P a l m

G u l l

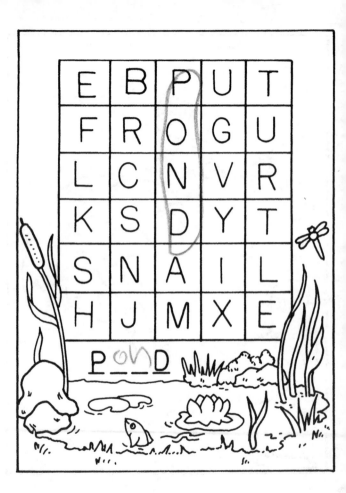

E	B	P	U	T
F	R	O	G	U
L	C	N	V	R
K	S	D	Y	T
S	N	A	I	L
H	J	M	X	E

P O _ _ D

8

F R O G

T U R T L E

S L U G

P	I	E	T
I	N	O	U
L	D	Z	R
G	I	U	K
R	A	L	E
I	N	J	Y
M	P	S	T

P _ _

P _ _ G _ _ M

I _ _ K _ Y

I _ D _ _ N

C	A	K	E	G
A	O	D	F	I
R	S	U	H	F
D	M	H	A	T

C _ _ D

HAPPY BIRTHDAY!

C _ _ E

H _ _

G _ _ T

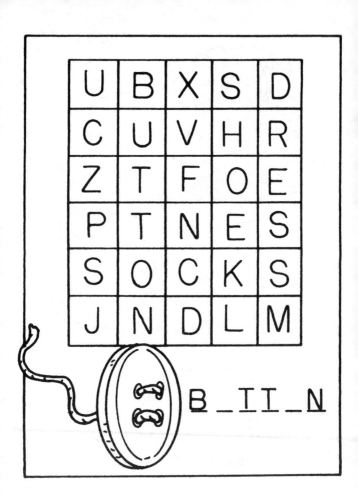

U	B	X	S	D
C	U	V	H	R
Z	T	F	O	E
P	T	N	E	S
S	O	C	K	S
J	N	D	L	M

B _ T T _ N

D _ _ _ S

S _ _ E

S _ _ _ _ S

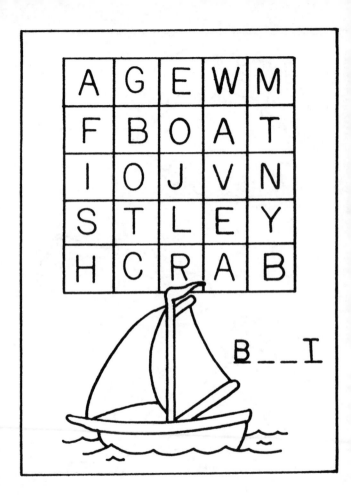

A	G	E	W	M
F	B	O	A	T
I	O	J	V	N
S	T	L	E	Y
H	C	R	A	B

B _ _ I

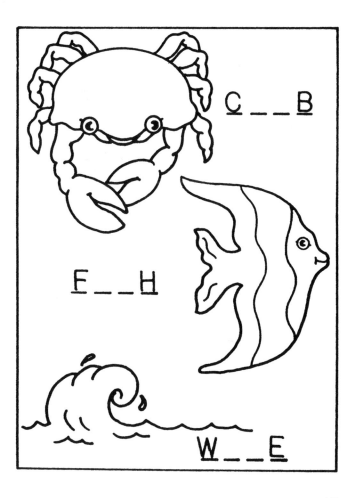

C _ _ B

F _ _ H

W _ _ E

17

A	K	B	R	W
W	O	I	N	S
O	T	R	E	E
R	C	D	S	U
M	O	F	T	L

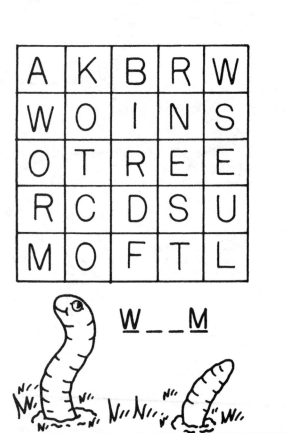

W _ _ M

T _ _ E

B _ _ _ D

N _ _ T

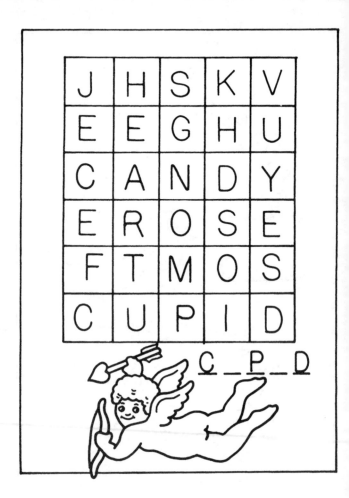

J	H	S	K	V
E	E	G	H	U
C	A	N	D	Y
E	R	O	S	E
F	T	M	O	S
C	U	P	I	D

C _ P _ D

H _ A _ I

C _ N _ Y

R _ _ E

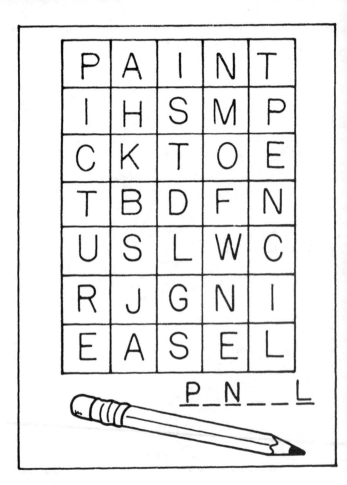

P	A	I	N	T
I	H	S	M	P
C	K	T	O	E
T	B	D	F	N
U	S	L	W	C
R	J	G	N	I
E	A	S	E	L

P _ N _ _ L

E _ S _ L

P _ _ T _ E

P _ I _ T

23

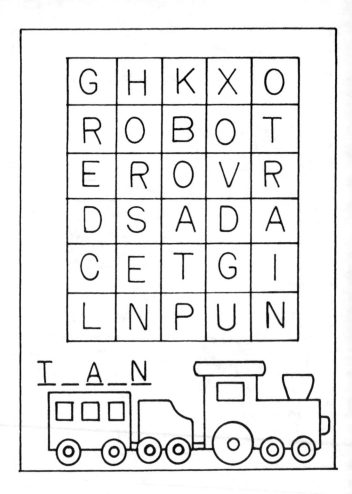

G	H	K	X	O
R	O	B	O	T
E	R	O	V	R
D	S	A	D	A
C	E	T	G	I
L	N	P	U	N

I _ _ A _ _ N

24

R _ B _ T

H _ R _ E

B _ _ T

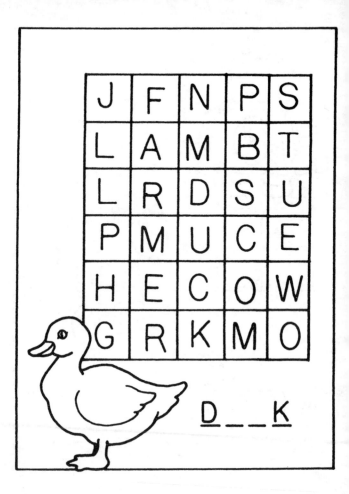

J	F	N	P	S
L	A	M	B	T
L	R	D	S	U
P	M	U	C	E
H	E	C	O	W
G	R	K	M	O

D _ _ K

C _ _

L _ _ B

F _ _ M _ R

L	P	S	T	V
W	I	T	C	H
K	R	N	U	W
M	A	S	K	B
O	T	F	H	A
C	E	G	J	T

B _ _ _

P _ R _ _ E

W _ T _ H

M _ _ K

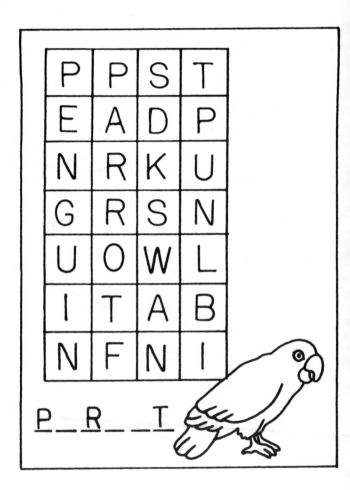

P	P	S	T
E	A	D	P
N	R	K	U
G	R	S	N
U	O	W	L
I	T	A	B
N	F	N	I

P _ R _ _ T

O _ _

S _ _ N

P _ N _ U _ N

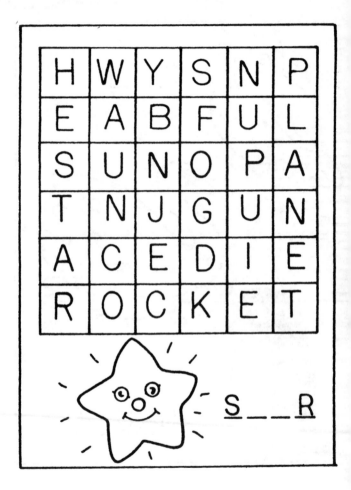

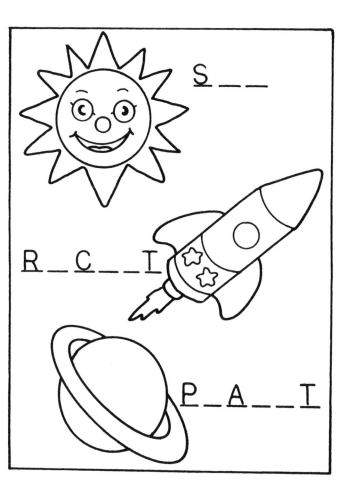

S _ _

R _ C _ _ T

P _ A _ _ T

33

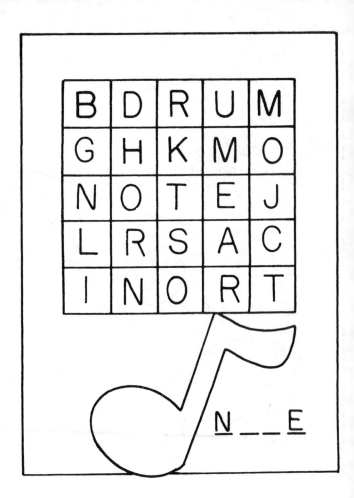

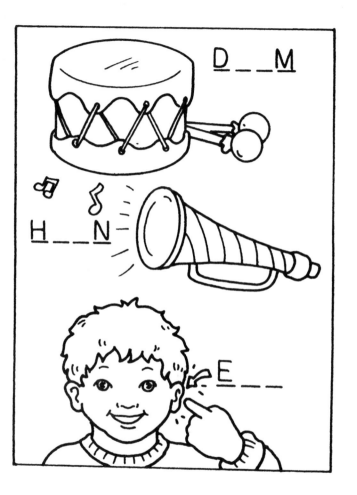

D _ _ M

H _ _ _ N

E _ _ _

B	G	P	L
E	V	I	S
D	F	L	K
H	J	L	T
M	O	O	N
Y	A	W	N

P _ L _ _ W

M _ _ N

B _ _

Y _ _ N

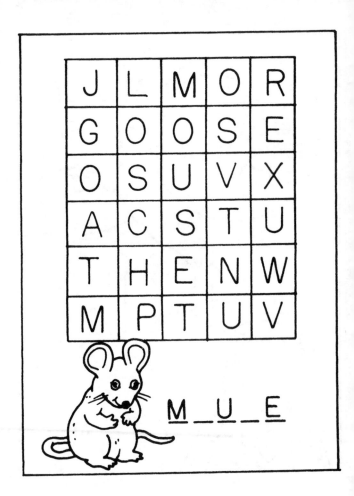

J	L	M	O	R
G	O	O	S	E
O	S	U	V	X
A	C	S	T	U
T	H	E	N	W
M	P	T	U	V

M _ U _ E

G _ O _ E

H _ _

G _ _ T

B	A	S	K	E	T
U	W	Y	S	G	U
N	O	P	T	G	H
N	H	K	E	S	I
Y	C	H	I	C	K

E _ _ S

B _ N _ Y

B _ _ K _ T

C _ I _ K

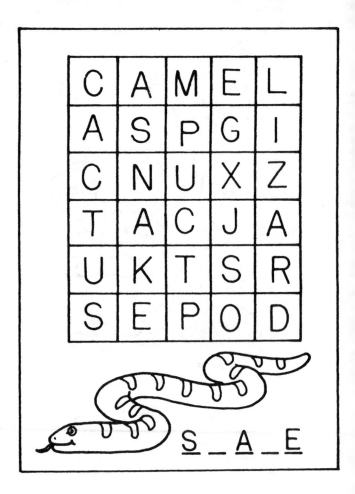

C	A	M	E	L
A	S	P	G	I
C	N	U	X	Z
T	A	C	J	A
U	K	T	S	R
S	E	P	O	D

S _ A _ E

L _ Z _ _ _ D

C _ _ C _ _ S

C _ M _ L

M	O	S	R	W
B	I	K	E	A
F	C	A	R	G
G	J	T	V	O
D	E	E	L	N
N	P	S	U	W

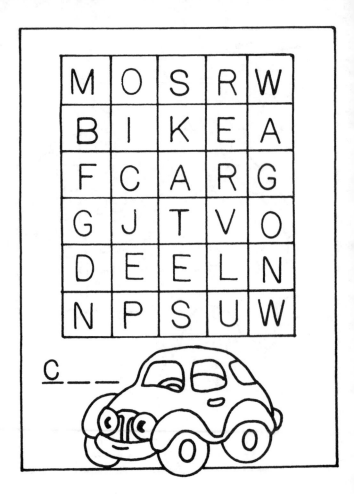

C _ _ _

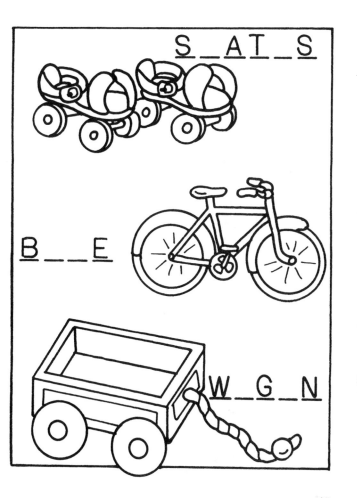

S _ A T _ S

B _ _ E

W _ G _ N

45

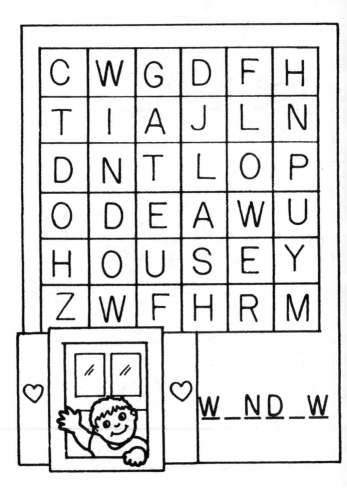

C	W	G	D	F	H
T	I	A	J	L	N
D	N	T	L	O	P
O	D	E	A	W	U
H	O	U	S	E	Y
Z	W	F	H	R	M

W _ ND _ W

F _ _ W _ R

H _ U _ E

G _ _ E

47

C	K	H	J	M	S
L	I	O	N	O	T
O	E	R	S	U	W
W	P	S	U	E	G
N	T	E	N	T	V

L _ _ N

T _ _ T

C _ O _ N

H _ R _ E

49

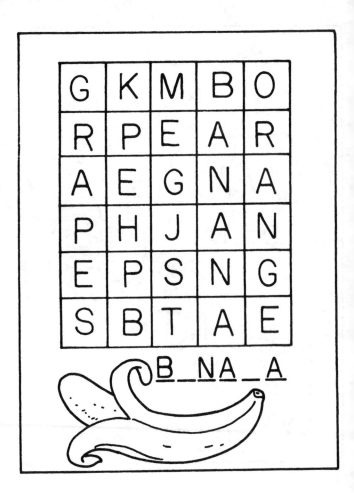

G	K	M	B	O
R	P	E	A	R
A	E	G	N	A
P	H	J	A	N
E	P	S	N	G
S	B	T	A	E

B _ NA _ A

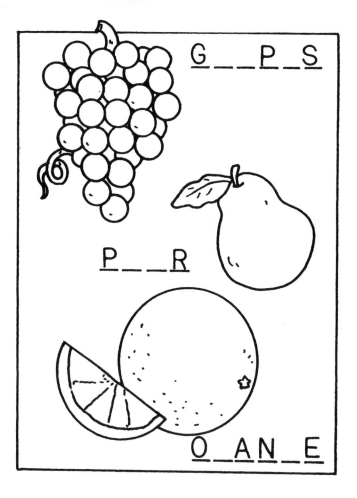

G _ _ P _ S

P _ _ R

O _ AN _ E

Y	W	H	A	L	E
A	N	J	V	H	S
L	O	L	S	O	K
R	F	K	E	M	I
S	U	B	A	C	M
G	I	G	L	O	O

S _ _ L

E _ K I _ O

I _ L _ O

W _ A _ E

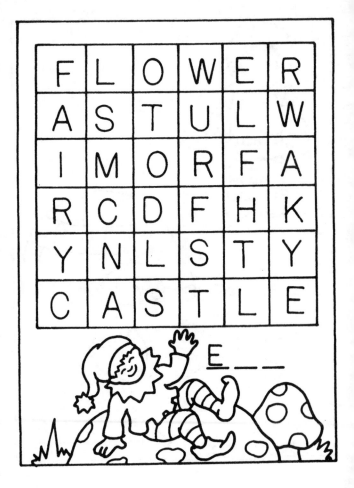

F	L	O	W	E	R
A	S	T	U	L	W
I	M	O	R	F	A
R	C	D	F	H	K
Y	N	L	S	T	Y
C	A	S	T	L	E

E _ _ _

F _ I _ Y

F _ O W _ R

C _ S T _ E

S	A	N	T	A
K	N	O	R	U
P	G	J	E	L
X	E	G	E	V
S	L	E	D	O

S _ _ D

S _ _ _ A

A _ _ _ L

T _ _ E

57

Solutions

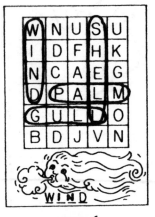

page 6

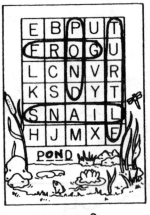

page 8

page 10

page 12

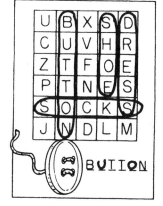

page 14

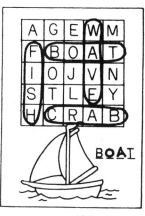

page 16

page 18

page 20

page 22

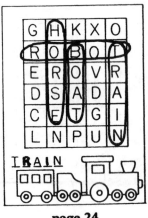

page 24

page 26

page 28

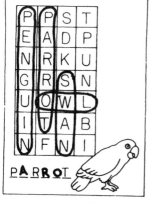

page 30

page 32

61

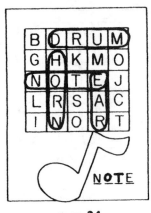

page 34

page 36

page 38

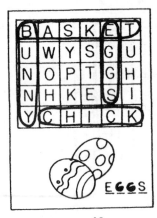

page 40

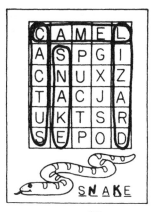

page 42

page 44

page 46

page 48

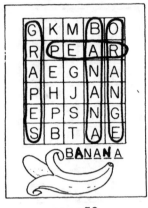

page 50

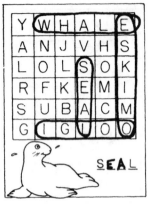

page 52

page 54

page 56

64